Impressum
Verlag: BABADADA GmbH, Nedderfeld 112 , 22529 Hamburg
Geschäftsführer / Verlagsleitung: Harald Hof
Druck: Books on Demand GmbH, In de Tarpen 42, 22848 Norderstedt

Imprint
Publisher: BABADADA GmbH, Nedderfeld 112 , 22529 Hamburg, Germany
Managing Director / Publishing direction: Harald Hof
Print: Books on Demand GmbH, In de Tarpen 42, 22848 Norderstedt, Germany

kool
duɗal

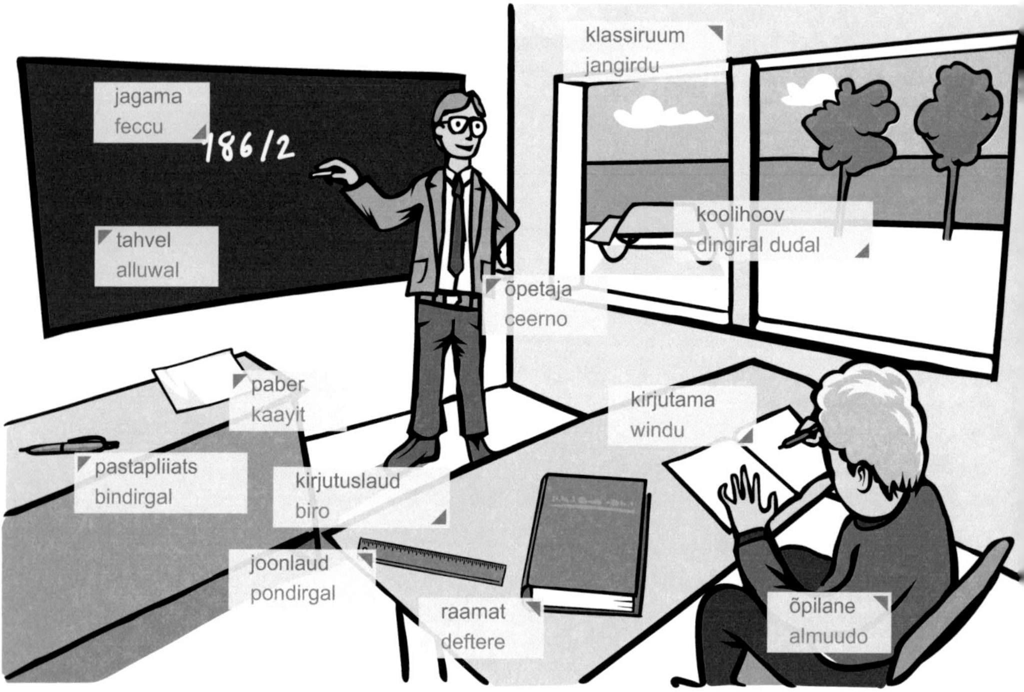
klassiruum
jangirdu
jagama
feccu
186/2
tahvel
alluwal
koolihoov
dingiral duɗal
õpetaja
ceerno
paber
kaayit
kirjutama
windu
pastapliiats
bindirgal
kirjutuslaud
biro
joonlaud
pondirgal
raamat
deftere
õpilane
almuudo

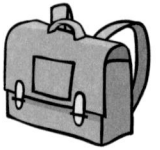

koolikott

sakosel

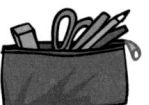

pinal

suudu kuɗol

harilik pliiats

kuɗol

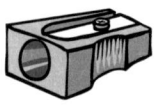

pliiatsiteritaja

ceeɓnoowo kuɗol

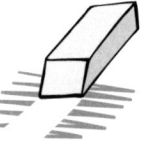

kustukumm

momtirgal

joonistusplokk

nokku diidirɗo

joonistus
diidgol

pintsel
diidirgal

värvikarp
suudu diidordu

käärid
sisooje

liim
kol

töövihik
deftere softinorde

kodutöö
coftinogol

number
tongoode

liitma
ɓeydu

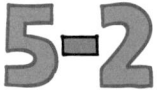

lahutama
ustu

korrutama
hebbin

arvutama
lim

täht
ɓataake

tähestik
hijju

sõna
kongol

kool - duɗal

3

tekst

windande

lugema

jangu

kriit

bindirgal

koolitund

darsu

klassipäevik

windaade

eksam

ÿeewtogol

tunnistus

ijaazi

koolivorm

wutte janirɗo

haridus

jande

entsüklopeedia

ɗowitorde mawnde

ülikool

jaaɓi haatirde

mikroskoop

mokoroskop

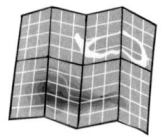

kaart

wertaango

paberikorv

siwo mbalis

reisimine

ɗannaade

hotell
otel
Grand
hostel
hoɗirdu
ROOMS
valuutavahetuspunkt
nokku beccirɗo
EXCHANGE
kohver
woliis
auto
oto

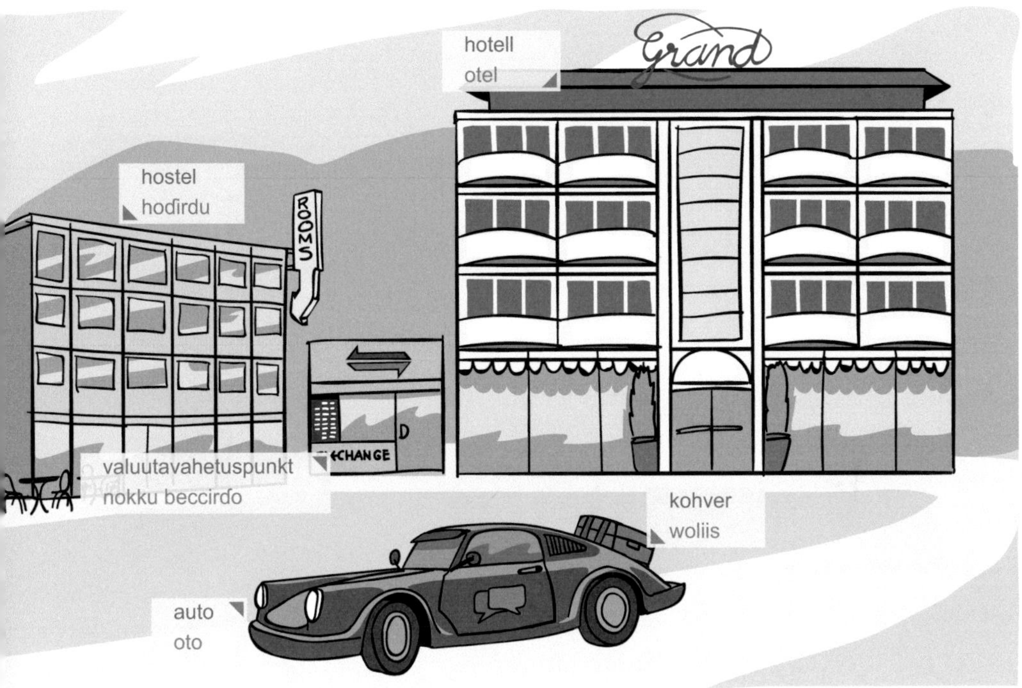

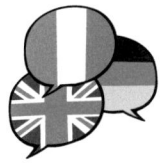

keel

ɗemngal

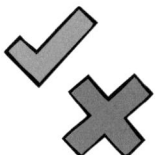

jah / ei

ey / ala

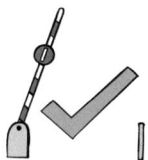

okei

Eyyo

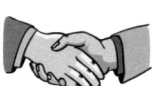

Tere!

mbaɗɗa

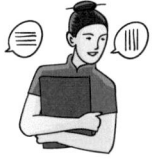

tõlk

pirtoowo

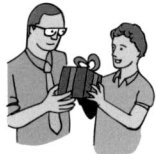

Aitäh!

jaraama

Kui palju maksab …?

hono foti...?

Ma ei saa aru

mi faamaani

probleem

satteende

Tere õhtust!

jam hiiri

Tere hommikust!

jam waali

Head ööd!

jam waal

Head aega!

baay baay

suund

ngardiindi

pagas

kaake

kott

saak

seljakott

saak bakke

külaline

koɗo

tuba

suudu

magamiskott

saak ɗaanorɗo

telk

taanta

turismiinfo

kabaaru jillotooɗo

rand

palaaz

krediitkaart

kartal keredii

hommikusöök

kasitaari

lõunasöök

bottaari

õhtusöök

hiraande

pilet

tikkett

lift

suutde

postmark

tembere

riigipiir

keerol

toll

soodooɓe

saatkond

ambasaat

viisa

wiisa

pass

paaspoor

transport
yangarta

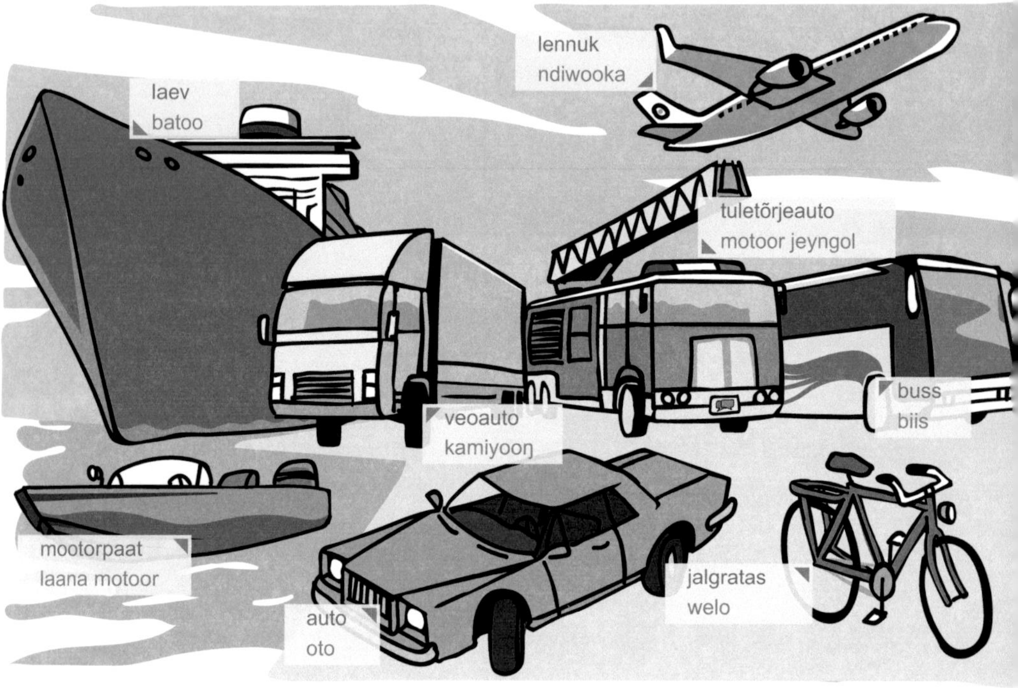

lennuk
ndiwooka
laev
batoo
tuletõrjeauto
motoor jeyngol
veoauto
kamiyooŋ
buss
biis
mootorpaat
laana motoor
auto
oto
jalgratas
welo

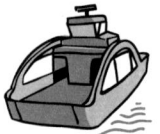

praam

baak

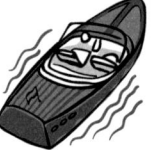

paat

laana

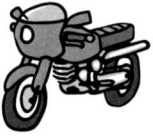

mootorratas

welo motoor

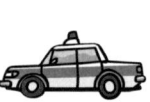

politseiauto

oto poliis

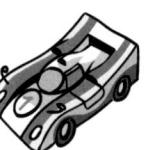

võidusõiduauto

oto dandu

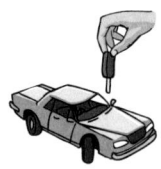

rendiauto

otoluwaaɗo

ühisauto

rendude oto

puksiirauto

lenge

prügiauto

kamiyooŋ salo

mootor

moto

kütus

gaas

tankla

esaaseer

liiklusmärk

maantorde tali

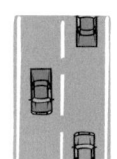

liiklus

tali

liiklusummik

ɓittugol tali

parkla

darnirde oto

raudteejaam

dartorde teree

rööpad

laabi

rong

teree

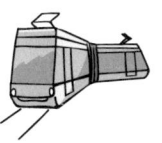

tramm

taraam

vagun

nawgol

helikopter

elikooteer

lennujaam

aydapoor

torn

huɓeere

reisija

jahoowo

konteiner

kontaneer

pappkast

kees

käru

saret

korv

siwo

õhku tõusma / maanduma

diw / tello

linn

wuro

küla

saare

kesklinn

hakkunde wuro

maja

galle

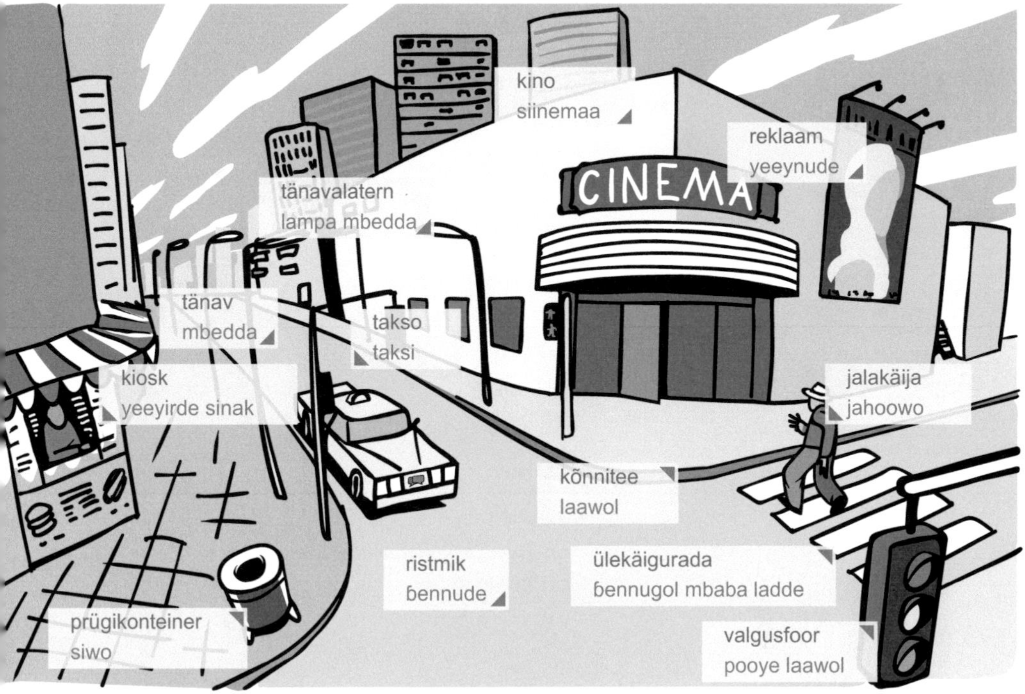

kino
siinemaa

reklaam
yeeynude

tänavalatern
lampa mbedda

tänav
mbedda

takso
taksi

CINEMA

jalakäija
jahoowo

kiosk
yeeyirde sinak

kõnnitee
laawol

ristmik
ɓennude

ülekäigurada
ɓennugol mbaba ladde

prügikonteiner
siwo

valgusfoor
pooye laawol

osmik

tiba

kortermaja

hoɗorde

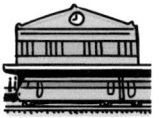

raudteejaam

dartorde teree

raekoda

meeri

muuseum

miise

kool

duɗal

ülikool
jaaɓi haatirde

pank
baŋke

haigla
safrirdu

hotell
otel

apteek
farmasii

kontor
gollorde

raamatupood
yeeyirde defte

kauplus
yeeyirde

lillepood
mo nehoowo leɗɗe

supermarket
duggere

turg
jeere

kaubamaja
yeeyirde diiwaan

kalapood
mo gawoowo

kaubanduskeskus
nokku njeeygu

sadam
telloorde

park

parka

pink

jooɗorde

sild

pooŋ

trepp

ŋabbirɗe

metroo

les leydi

tunnel

laawol les

bussipeatus

dartorde biis

baar

baar

restoran

restoraaŋ

postkast

suudu posto

tänavasilt

maantorde mbedda

parkimisautomaat

meetorde parka

loomaaed

nehirde kulle

ujula

pisiin

mošee

jumaa

talu
ngesa

reostus
bonande

surnuaed
genaale

kirik
ekiliis

mänguväljak
dingiral

tempel
tempele

maastik
satto

leht
ďerewol

teeviit
maantogal

tee
laawol

aas
paraad

kivi
haayre

matkaja
diwoowo

puu
lekki

jõgi
caangol

rohi
huďo

lill
baramlefol

org
fongo

mägi
tiwaande

järv
weendu

mets
dundu

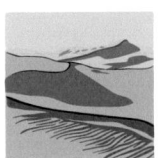

kõrb
ladde

vulkaan
wolkaaŋ

linnus
hoɗorde

vikerkaar
timtimol

seen
wiiduru gaynaako

palm
lekki koko

sääsk
ɓongu

kärbes
diw

sipelgas
ñuuñu

mesilane
ñaaku

ämblik
njabala

mardikas

karaab

konn

paaɓa

orav

jiire

siil

nguru paaɓa

jänes

wojere

öökull

hooweere

lind

ndiwri

luik

kankaleewal

metssiga

fowru

hirv

lella

põder

kooba

pais

baaraas

tuuleturbiin

seɗa hendu

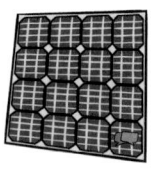

päikesepaneel

mbeɗu naange

kliima

kilimaaŋ

restoran
restoraaŋ

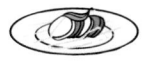

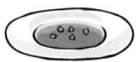

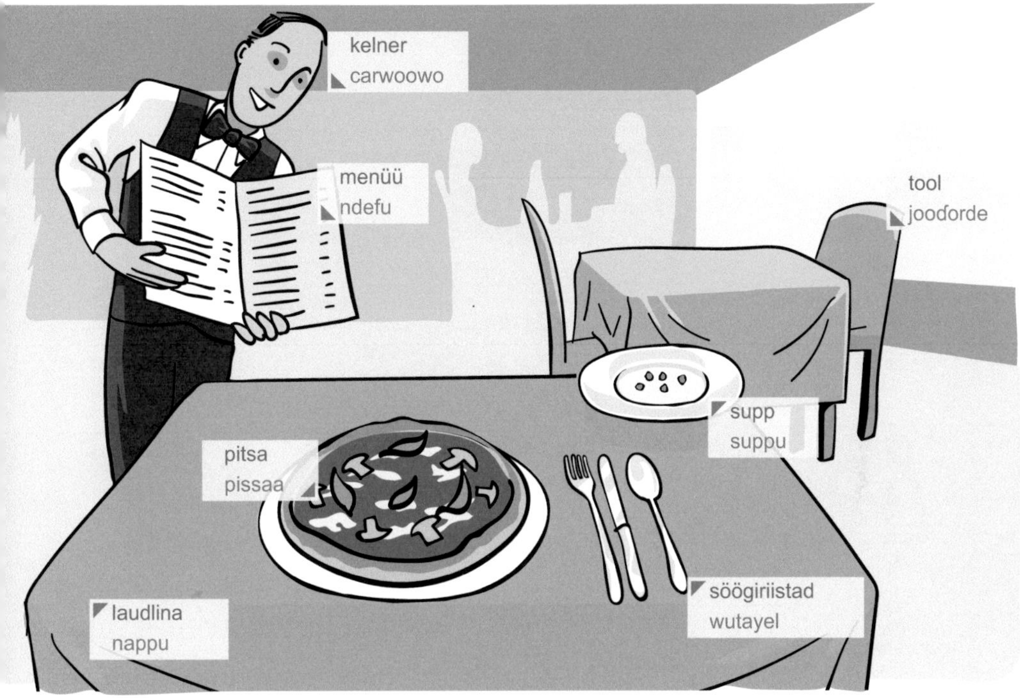
kelner
carwoowo
menüü
ndefu
tool
jooɗorde
supp
suppu
pitsa
pissaa
söögiriistad
wutayel
laudlina
nappu

eelroog
puɗɗorɗo

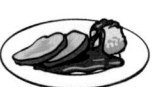

pearoog
barme mawɗo

magustoit
deseer

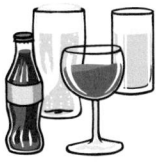

joogid
njarameeje

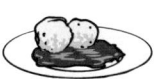

toit
ñamri

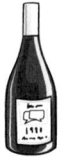

pudel
bitel

kiirtoit

fastfuut

tänavatoit

ñaamde mbedda

teekann

pot ataaya

suhkrutoos

taasa suukara

portsjon

geɗal

espressomasin

masiŋ esperesoo

lastetool

jooɗorde toownde

arve

faktiir

kandik

terey

nuga

paaka

kahvel

fursett

lusikas

kuddu

teelusikas

kuddu ataaya

salvrätik

torsooŋ

klaas

weer

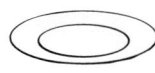

taldrik

palaat

supitaldrik

palaat suppu

alustass

coosoowo

kaste

soos

soolatoos

pot lamďam

pipraveski

poobaar

äädikas

wineegar

õli

diwliin

vürtsid

kaaniije

ketšup

ketsoop

sinep

mutaarde

majonees

maynees

supermarket
duggere

eripakkumine
dokkal teentungal
FOR
klient
coodoowo
piimatooted
deftel
puuviljad
ɓingel leggal
ostukäru
saret

BUTCHERS

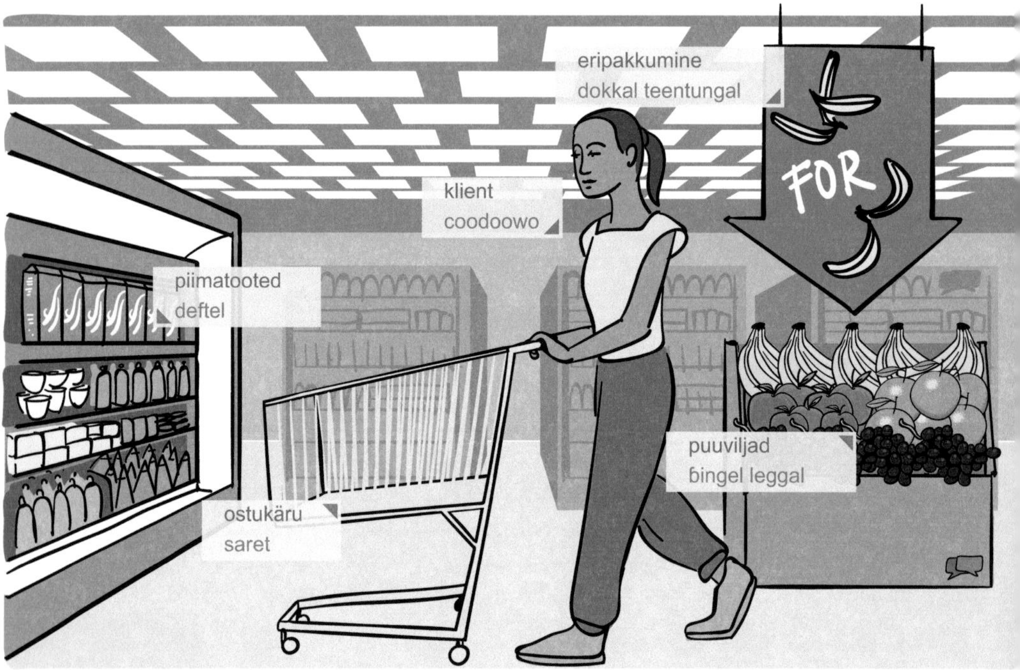

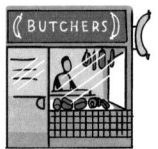

lihapood

mo jeeyoowo teewu

BAKERY

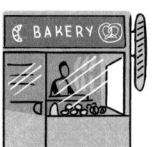

pagariäri

mo piyoowo mburu

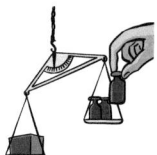

kaaluma

ɓett

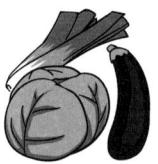

köögiviljad

ɓiɓe leɗɗe

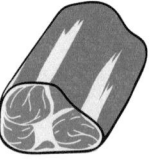

liha

teewu

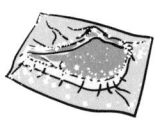

külmutatud toit

ñamri fendiindi

lihalõigud

teewu ɓuuɓngu

konservid

ñamri

pesupulber

omo

maiustused

tangaleeji

majatarbed

geɗe galle

puhastustooted

geɗe labbinooje

müüja

jeeyoowo

kassaaparaat

hippoode

kassapidaja

ngaluyanke

ostunimekiri

limo soodetee

lahtiolekuajad

waktuuji gudditeeɗi

rahakott

kalbe

krediitkaart

kartal keredii

kott

saak

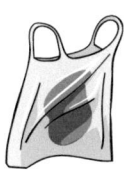

kilekott

saak dalli

vesi

ndiyam

mahl

sii

piim

kosam

koola

Koowk

vein

sangara

õlu

sangara

alkohol

alkol

kakao

koka

tee

ataaya

kohv

kafe

espresso

esperesoo

cappuccino

kaputsiino

banaan

banaana

õun

pomere

apelsin

oraaŋs

arbuus

dende

sidrun

limoŋ

porgand

karott

küüslauk

laac

bambus

bambuu

sibul

soblere

seen

wiiduru gaynako

pähklid

gerte

nuudlid

kodde

spagetid
espaketii

riis
maaro

salat
solaat

friikartulid
sipse

praekartulid
padaas pasnaaɖo

pitsa
pissaa

hamburger
amburgoor

võileib
sandiis

šnitsel
tayre

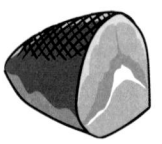

sink
heltinde

salaami
salaami

vorst
soosiis

kana
gertogal

praeliha
juɖe

kala
liingu

kaerahelbed

karaw

müsli

miyesli

maisihelbed

butaali makka

jahu

cafka

sarvesai

koraasaŋ

kukkel

loocol mburu

leib

mburu

röstsai

mburu

küpsised

mbiskit

või

boor

kohupiim

caakri

kook

ngato

muna

boofoode

praemuna

bofoode defaaɗo

juust

formaas

jäätis

kerem galaas

suhkur

suukara

mesi

njuumri

moos

piire

pähklivõie

soosde sokola

karri

kiri

talu
ngesa

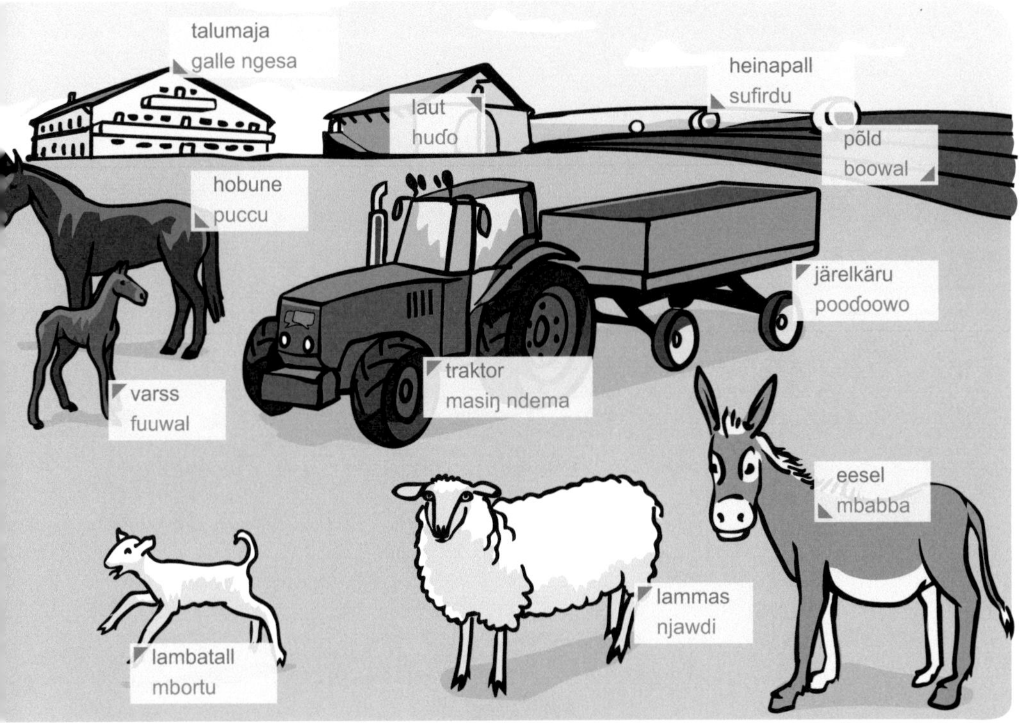
talumaja
galle ngesa
laut
huɗo
heinapall
sufirdu
põld
boowal
hobune
puccu
järelkäru
pooɗoowo
traktor
masiŋ ndema
varss
fuuwal
eesel
mbabba
lammas
njawdi
lambatall
mbortu

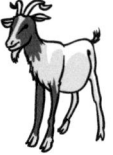

kits

ndamndi

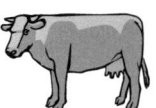

lehm

ngaari

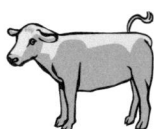

vasikas

ñale

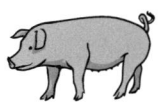

siga

mbaba tugal

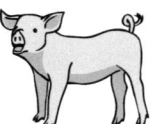

põrsas

ɓingel tugal

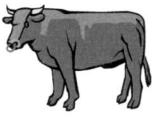

pull

ngaari

hani

jaawalal

part

jaawangal

tibu

gertogal

kana

jarlal

kukk

ngori

rott

doombru

kass

ulluundu

hiir

dombru

härg

ngaari

koer

rawaandu

koerakuut

suudu rawaandu

aiavoolik

lekki werte

kastekann

bitel ndiyam

vikat

jalo

ader

jabbude

sirp

wafdu

kõblas

caga

hang

furset yettirɗo

kirves

jambere

käru

burwett

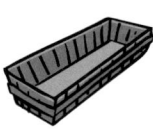

küna

jardugal

piimanõu

bitel kosam

kott

bonnude

tara

heerorde

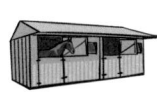

tall

dari

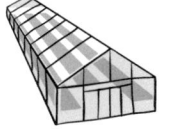

kasvuhoone

resofmaaŋ

muld

leydi

seeme

aawdi

väetis

engere

kombain

rendin coñoowo

saaki koristama

soñ

saagikoristus

coñal

jamss

ñambi

nisu

ndiyamiri

soja

soozaa

kartul

padaas

mais

makka

raps

aawdi adan

viljapuu

lekki ɓesnooki

maniokk

kasaawa

teravili

gawri

maja
galle

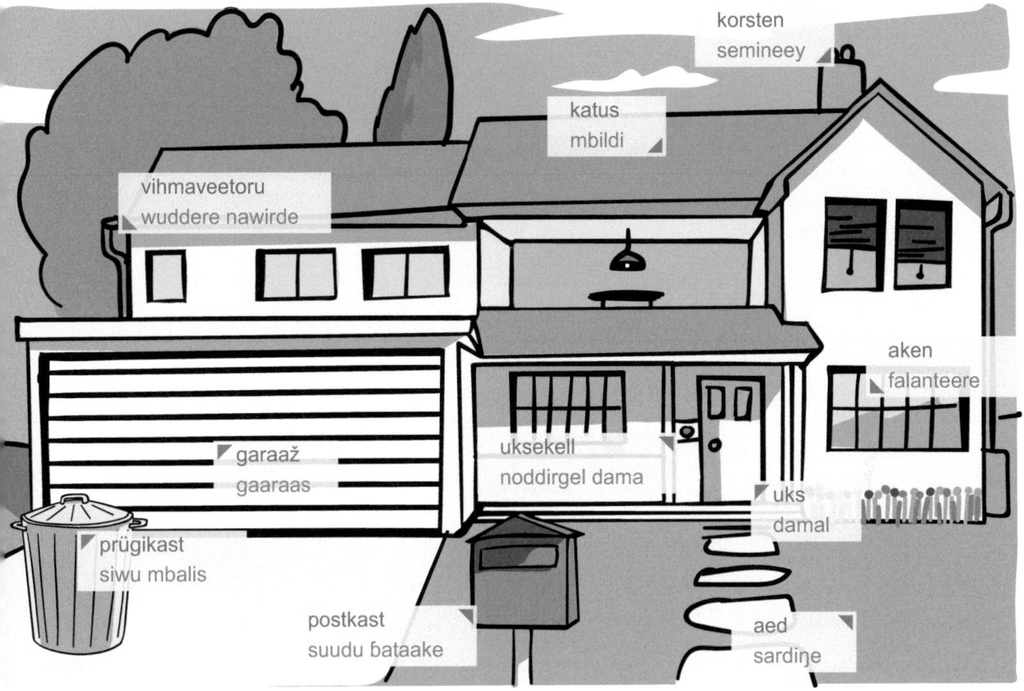
korsten
semineey
katus
mbildi
vihmaveetoru
wuddere nawirde
aken
falanteere
garaaž
gaaraas
uksekell
noddirgel dama
uks
damal
prügikast
siwu mbalis
postkast
suudu ɓataake
aed
sardiŋe

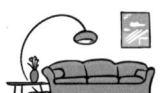

elutuba

saal

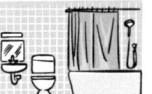

vannituba

lootorde

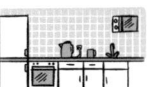

köök

waañ

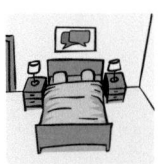

magamistuba

suudu lelteendu

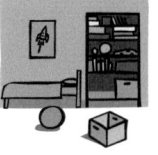

lastetuba

suudu suka

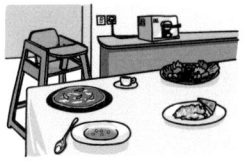

söögituba

suudu hirtordu

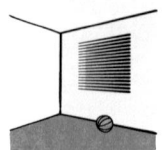

põrand

leydi

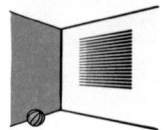

sein

miir

lagi

dira

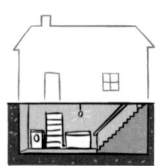

kelder

masiŋel

saun

soona

rõdu

balkooŋ

terrass

teeraas

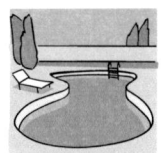

bassein

pisin

muruniiduk

tondoos

voodilina

kaayit

päevatekk

mbertanteeri

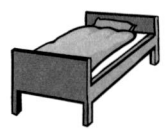

voodi

lelnde

luud

pittirɗe

ämber

siwoo

lüliti

waylu

elutuba
saal

tapeet
foodekaraŋ
pilt
nattal
lamp
lampa
riiul
dow
kapp
baye
televiisor
lewe
kamin
fotekaaŋ
lill
baramlefol
padi
njegenaay
diivan
soofaa
vaas
kaas
kaugjuhtimispult
komaande

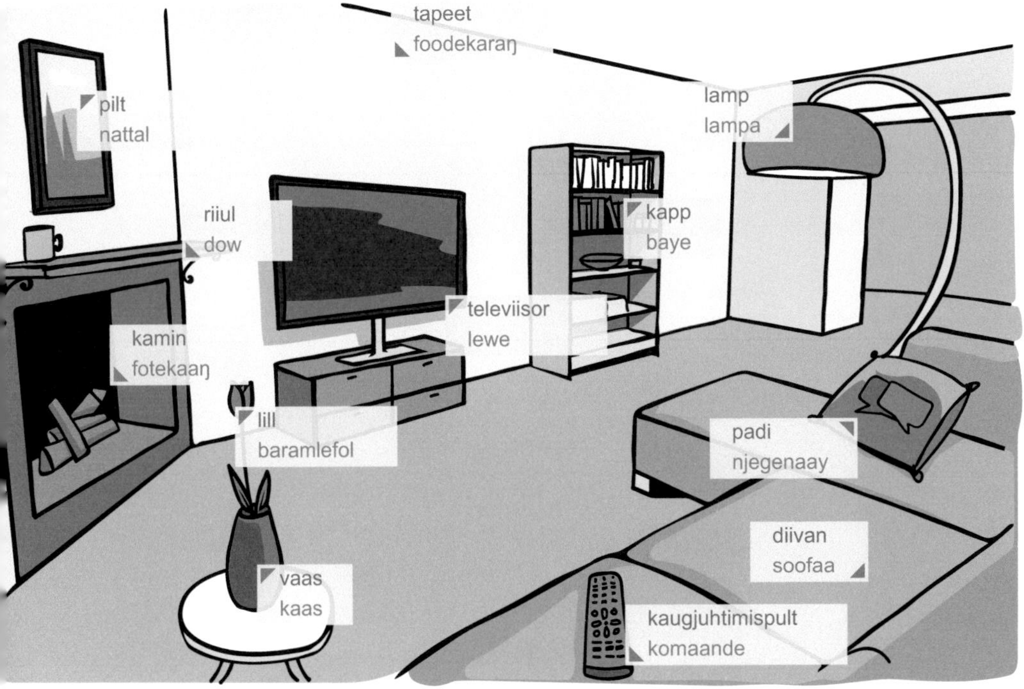

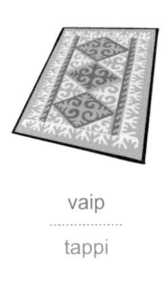

vaip
tappi

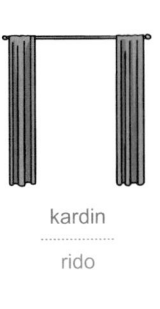

kardin
rido

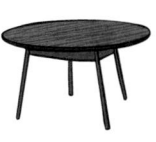

laud
taabal

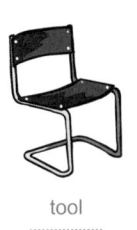

tool
jooɗorde

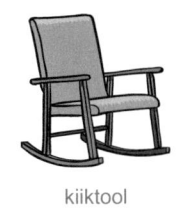

kiiktool
jooɗorde timmunde

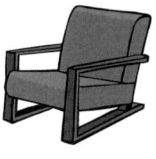

tugitool
tuggorde

raamat

deftere

tekk

suddaare

kaunistus

cinki

küttepuud

docotal

film

filmo

helisüsteem

kuutorďe hi-fi

võti

caabi

ajaleht

jaaynde

maal

pentiirde

plakat

posteer

raadio

haalirde

märkmik

deftel mooftirgel

tolmuimeja

ŋabbude

kaktus

siwo lekki

küünal

sondel

köök
waañ

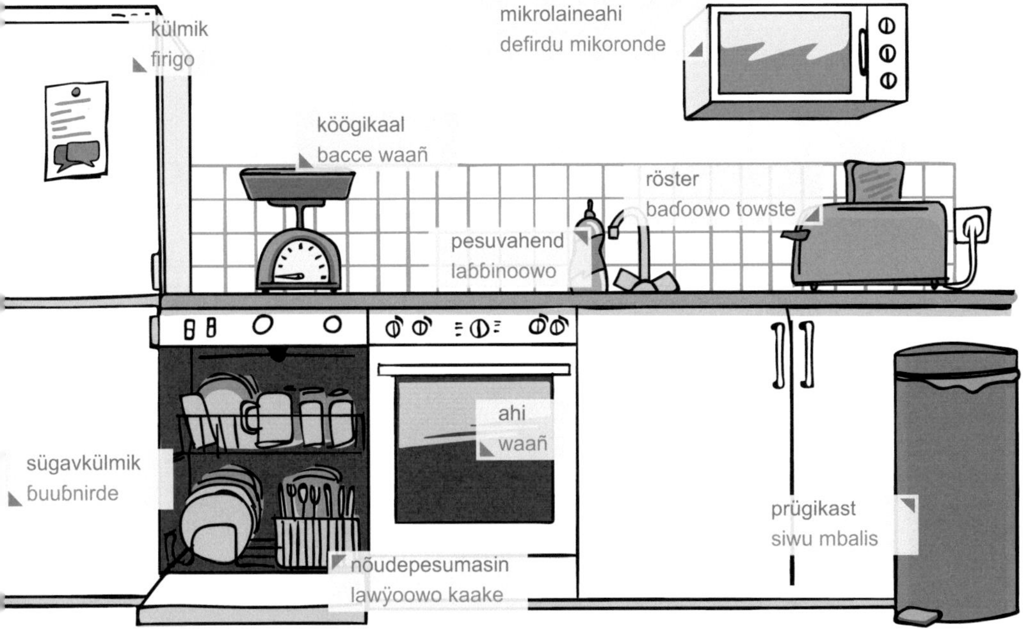

külmik
firigo
mikrolaineahi
defirdu mikoronde
köögikaal
bacce waañ
röster
baɗoowo towste
pesuvahend
labbinoowo
ahi
waañ
sügavkülmik
ɓuuɓnirde
prügikast
siwu mbalis
nõudepesumasin
lawÿoowo kaake

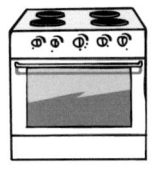

pliit

defoowo

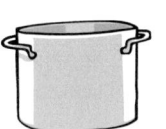

pott

pot

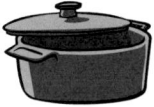

malmpott

pot baɗɗo njamdi

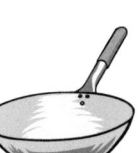

vokkpann

lehel

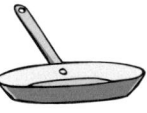

pann

lahal

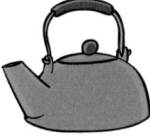

veekeetja

baraade

aurutaja

gulnoowo

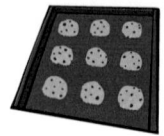

küpsetusplaat

fuur cumirɗo

lauanõud

wiisirde

kruus

kaas

kauss

taasa

söögipulgad

bakett

kulp

heɗirde

pannilabidas

kuundal

vispel

burgal

kurn

gulnirɗo

sõel

pool

riiv

koosoowo

uhmer

wowru

grill

njuɗu

lahtine tuli

lewlewndu

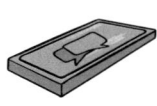

lõikelaud

alluwal tayirgal

tainarull

dullirgal

korgitser

tenaay

konservipurk

potyel

konserviavaja

udditirđo potyel

pajakinnas

jaggoowo pot

kraanikauss

lawÿirde

hari

borisde

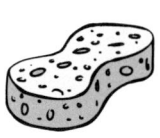

pesukäsn

epoos

kannmikser

jiiɓoowo

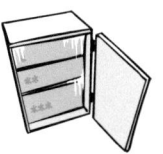

sügavkülmuti

firigo juutđo

lutipudel

bitel tiggu

segisti

robine

vannituba

lootorde

küte
wulnude
dušš
ɓuftogol
käterätik
sarbet
dušikardin
rido ɓuftorde
mullivann
sumbu lootorɗo
vann
nokku lootorɗo
klaas
weer
pesumasin
masiŋ guppirɗo
segisti
robine
plaadid
biifi
pissipott
woppirde
kraanikauss
lawÿirde

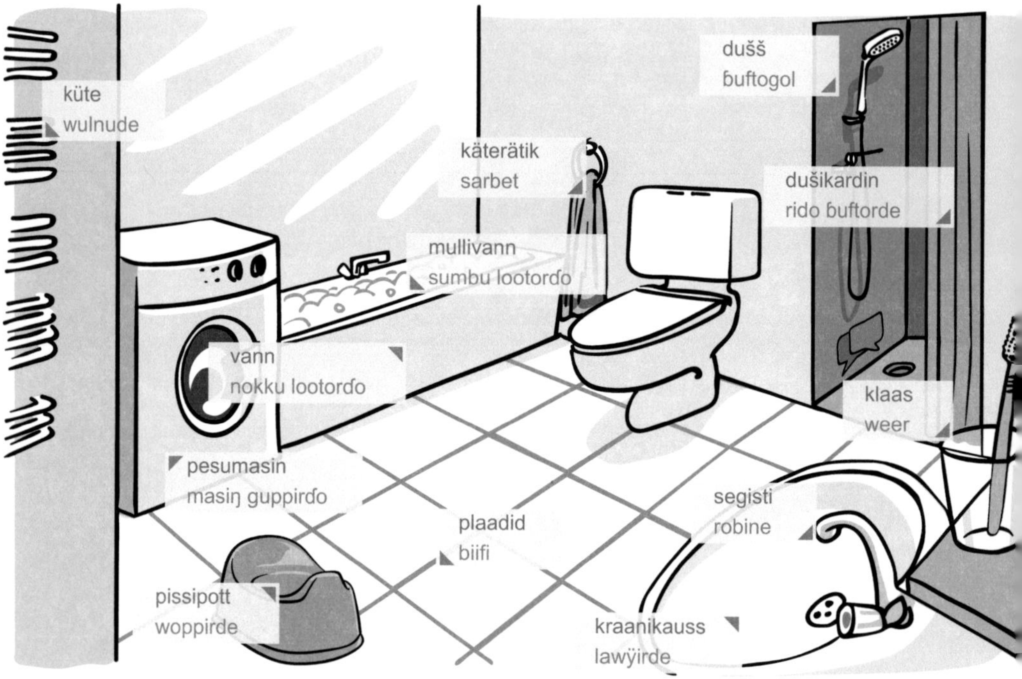

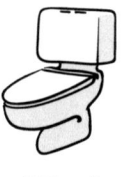

WC-pott
heblorde

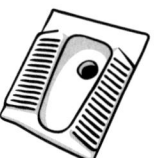

kükitamistualett
yaltirde les

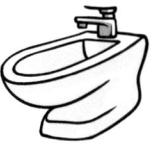

bidee
yaltirde

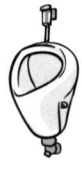

pissuaar
soofirde

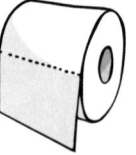

tualettpaber
kaayit heblorde

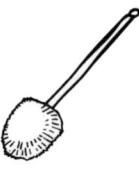

WC-hari
boros heblorde

hambahari

boros ñiiÿe

hambapasta

pat cocorđo

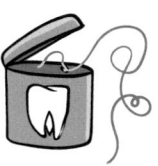

hambaniit

cocorgal

pesema

lawyu

käsidušš

ƀuftorde jungo

intiimdušš

jampe

pesukauss

taasa

seljahari

boros keeci

seep

saabunde

dušigeel

nebam ƀuftorde

šampoon

sampoye

vamm

lootogel

äravool

yupude

kreem

mileen

deodorant

lati

peegel

daarogal

käsipeegel

daarogal jungo

habemenuga

rasuwaar

raseerimisvaht

sumbu pembordo

habemevesi

lallitirde

kamm

koomu

hari

boros

föön

yoorno hoore

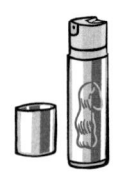

juukselakk

uurna hoore

meigikomplekt

makiyaas

huulepulk

lippo

küünelakk

emaaye segene

vatt

wiro

küünekäärid

sisooje segene

parfüüm

parfooŋ

tualett-tarvete kott

saawdu lawyirdu

taburet

kuudi

kaal

bacce ɓetirde

hommikumantel

wutte lootorɗo

kummikindad

kawaseeje dalli

tampoon

tampooŋ

hügieeniside

sarbet laɓɓinoorɗo

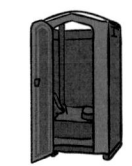

keemiline tualett

lootogol cellungol

lastetuba

suudu suka

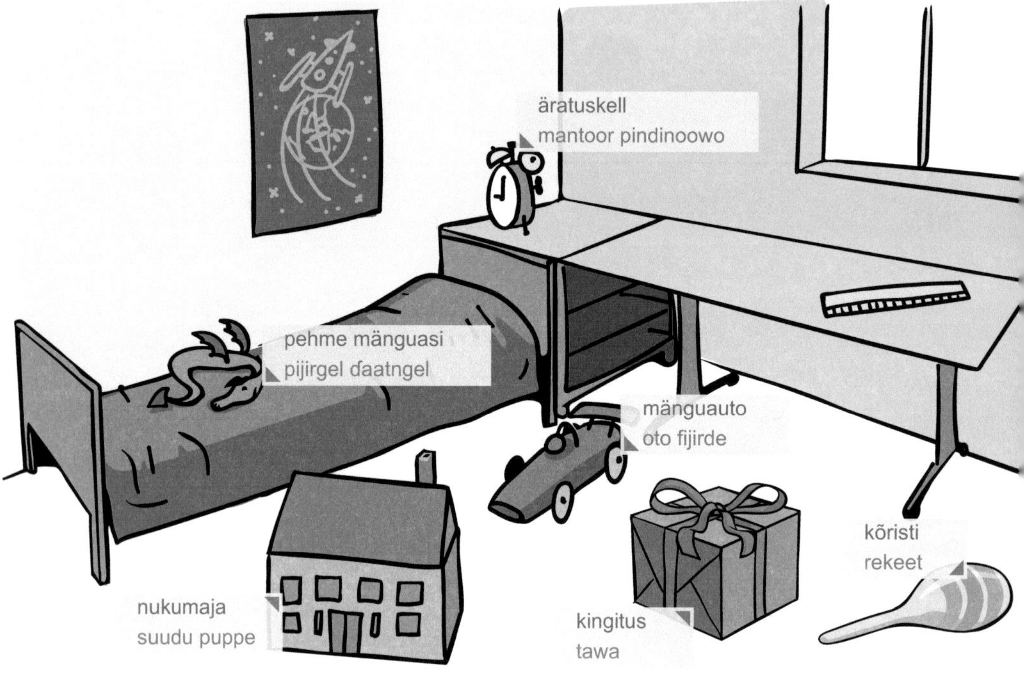
äratuskell
mantoor pindinoowo
pehme mänguasi
pijirgel ɗaatngel
mänguauto
oto fijirde
kõristi
rekeet
nukumaja
suudu puppe
kingitus
tawa

õhupall

baloon

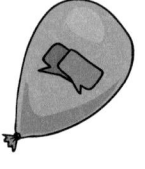

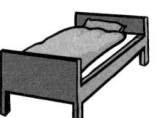

voodi

lelnde

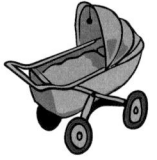

lapsevanker

puus puus

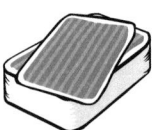

kaardipakk

taabal karte

pusle

juwirgal

SUPER
MEGA

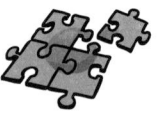

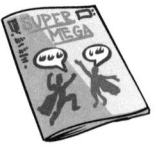

koomiks

jalnii

Lego klotsid

tuufeeje lego

klotsid

kaaÿe maadi

kujuke

pijirgel suka

siputuspüksid

wutte suka

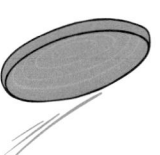

lendav taldrik

mbiifu

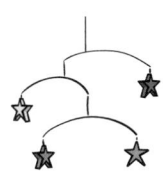

voodikarussell

noddirgel

lauamäng

fijirde alluwal

täringud

dee

mudelrong

tereŋ jahiroowo batiri

lutt

ɗaayɗo

pidu

hiirde

pildiraamat

deftere natte

pall

bal

nukk

puppe

mängima

fij

liivakast

ngaska leydi

kiik

yirlude

mänguasjad

pijirđe

mängukonsool

fijirde widoo peley

kolmerattaline jalgratas

biifi tati

mängukaru

uluundu pijirgel

riidekapp

woliis

riietus

boornogol

sokid

kawaseeje

sukad

baardinirđi

sukkpüksid

dogirđi

sall
muurnorde

vihmavari
paraseewal

vöö
dadorde

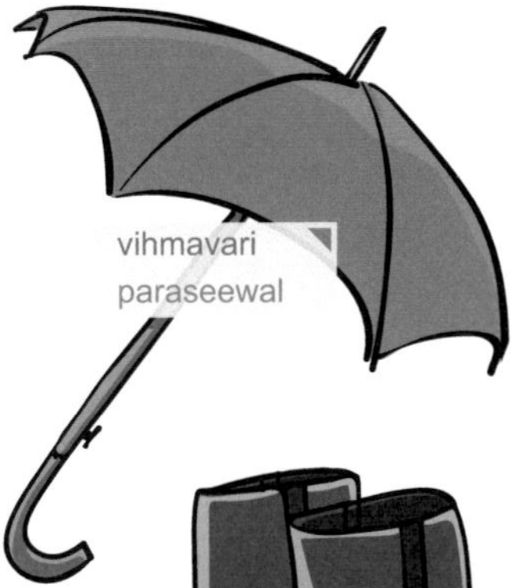

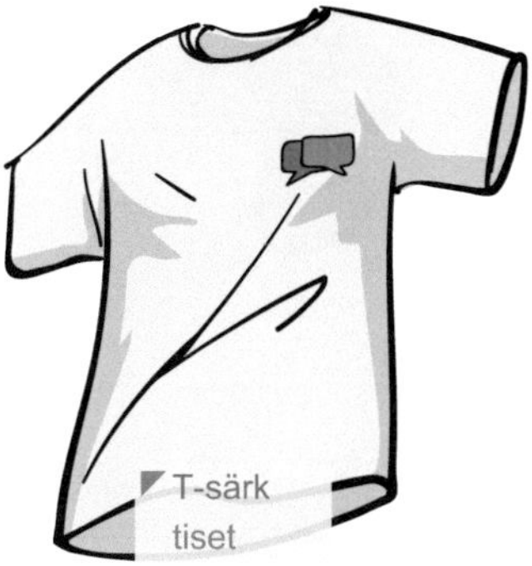

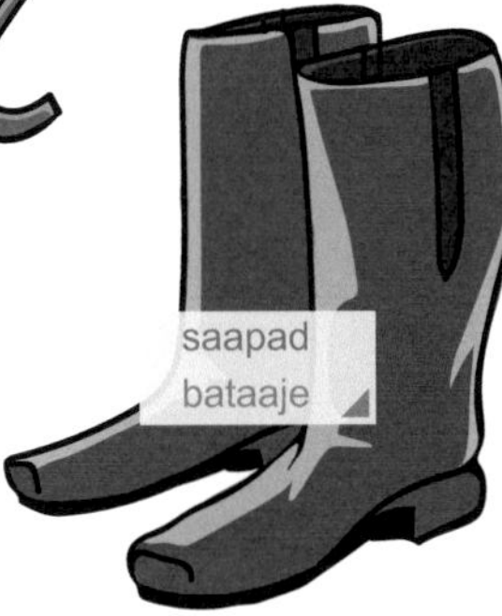

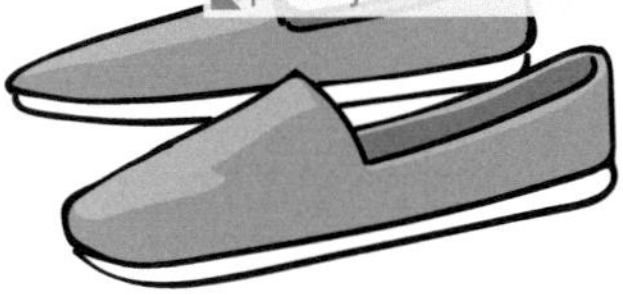

T-särk
tiset

saapad
bataaje

sussid
pađe joođorde

tossud
dogirđe

sandaalid
caraax

jalatsid
pađe

kummikud
bataaje dalli

aluspüksid
cakkirđi

rinnahoidja
site ŋoos

vest
weste

bodi
ɓandu

püksid
tuuba

teksapüksid
jiin

seelik
sippu

pluus
buluus

särk
wuttel

sviiter
piliweer

dressipluus
njallaaba

bleiser
balaseer suka

jakk
jakett

mantel
sabandoor

vihmamantel
wutte toɓo

kostüüm
kossim

kleit
robbo

pulmakleit
wutte cuddungu

ülikond

cakkirɗo

öösärk

robbo baaldudo

pidžaama

baaluɗi

sari

sari

pearätt

fiilorde

turban

kaala

burka

misoor

kaftan

haftan

abayah

abaaye

ujumistrikoo

lumborɗo

ujumispüksid

leɗɗe

lühikesed püksid

kilooti

dressid

dewirɗi

põll

aparooŋ

kindad

kawase

nööp

nebbu

prillid

lone

käevõru

jawo

kaelakee

cakka

sõrmus

feggere

kõrvarõngas

hootonde

nokamüts

laafa

riidepuu

jaggirgal sabandoor

kaabu

kufna

lips

karwaat

tõmblukk

korsude

kiiver

tengaade

traksid

jawe

koolivorm

wutte jaɲirɗo

vormirõivad

dadorɗo

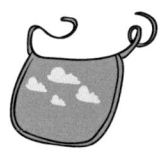

pudipõll

nappu suka

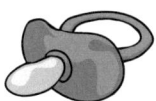

lutt

ɗaayɗo

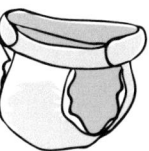

mähe

fooftini

kontor

gollorde

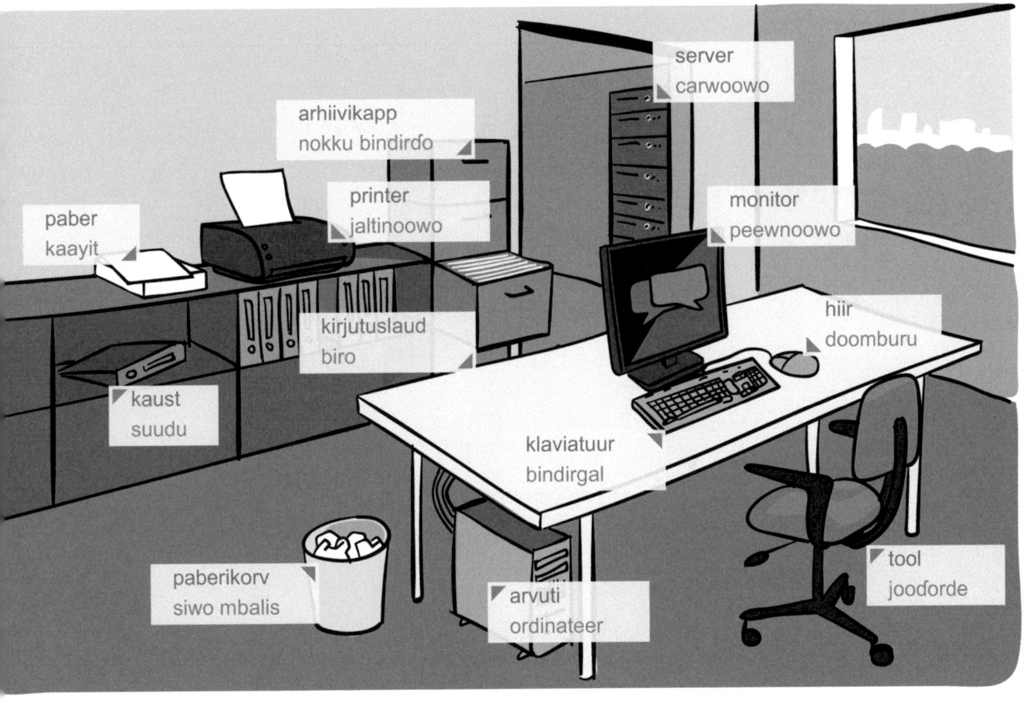
server
carwoowo
arhiivikapp
nokku bindirɗo
printer
jaltinoowo
paber
kaayit
monitor
peewnoowo
hiir
doomburu
kirjutuslaud
biro
kaust
suudu
klaviatuur
bindirgal
tool
jooɗorde
paberikorv
siwo mbalis
arvuti
ordinateer

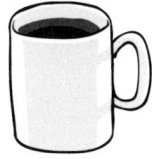

kohvikruus

koppu kafe

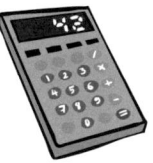

kalkulaator

tongirde

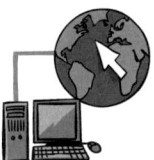

internet

enternet

süülearvuti

ordinateer

kiri

ɓataake kaayit

sõnum

ɓataake

mobiiltelefon

noddirgel

võrk

jokkondiral

koopiamasin

nandinoowo

tarkvara

kuutorgel

telefon

noddirgel

pistikupesa

piriis

faksimasin

masiŋ faksii

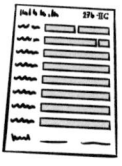

vorm

sifaa

dokument

kaayit

ostma

sood

maksma

yoɓ

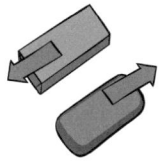

vahetama

yeey

raha

kaalis

dollar

dolaar

euro

oro

jeen

yeen

rubla

ruubal

Šveitsi frank

siiwis farayse

renminbi jüaan

yuwaan renminbi

ruupia

ruppii

sularahaautomaat

nokku ngalu

valuutavahetuspunkt

nokku beccirɗo

kuld

kaŋe

hõbe

kaalis

nafta

peteroŋ

energia

doole

hind

coggu

leping

jokkondiral

maks

lempo

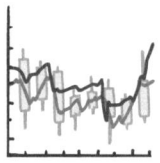

aktsia

jeyii

töötama

liggo

töötaja

liggotooɗo

tööandja

ligginoowo

tehas

isin

kauplus

yeeyirde

ametid
golle

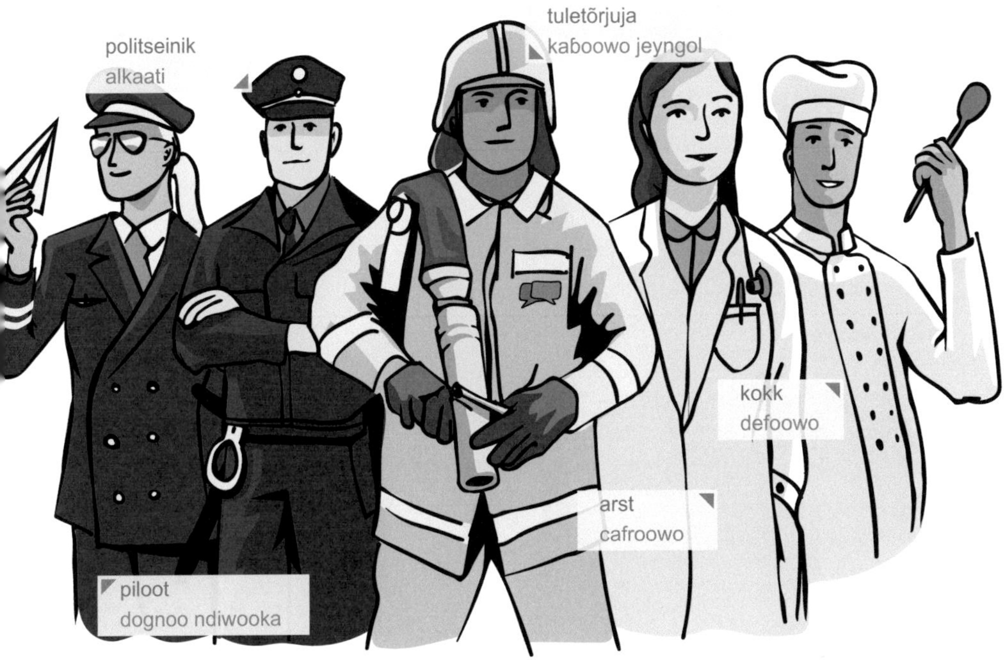
tuletõrjuja
kaɓoowo jeyngol
politseinik
alkaati
kokk
defoowo
arst
cafroowo
piloot
dognoo ndiwooka

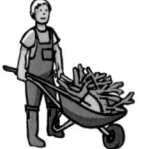

aednik
mooftoowo

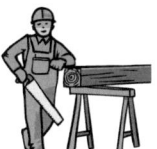

puusepp
meniise

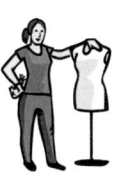

õmbleja
gawoowo debbo

kohtunik
ñaawoowo

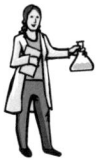

keemik
simiyanke

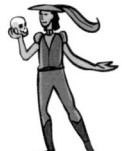

näitleja
aktoor

bussijuht

diirnoowo biis

taksojuht

diirnoowo taksi

kalamees

gawoowo

koristaja

debbo pittoowo

katusepaigaldaja

biloowo

kelner

carwoowo

jahimees

baañoowo

maaler

diidoowo

pagar

piyoo mburu

elektrik

peewnoo jeyngol

ehitaja

mahoowo

insener

eseñoor

lihunik

buusee

torumees

polombiyee

postiljon

neɗɗo posto

sõdur

soldaat

arhitekt

arsitekte

kassapidaja

ngaluyanke

lillemüüja

leɗɗeyanke

juuksur

mooroowo

piletikontrolör

diirnoowo

mehaanik

peenoowo jamɗe

kapten

gardiiɗo

hambaarst

safroowo ñiiỹe

teadlane

gando

rabi

babbiin

imaam

almaami

munk

muwaan

preester

neɗɗo alla

tööriistad
kuutorɗe

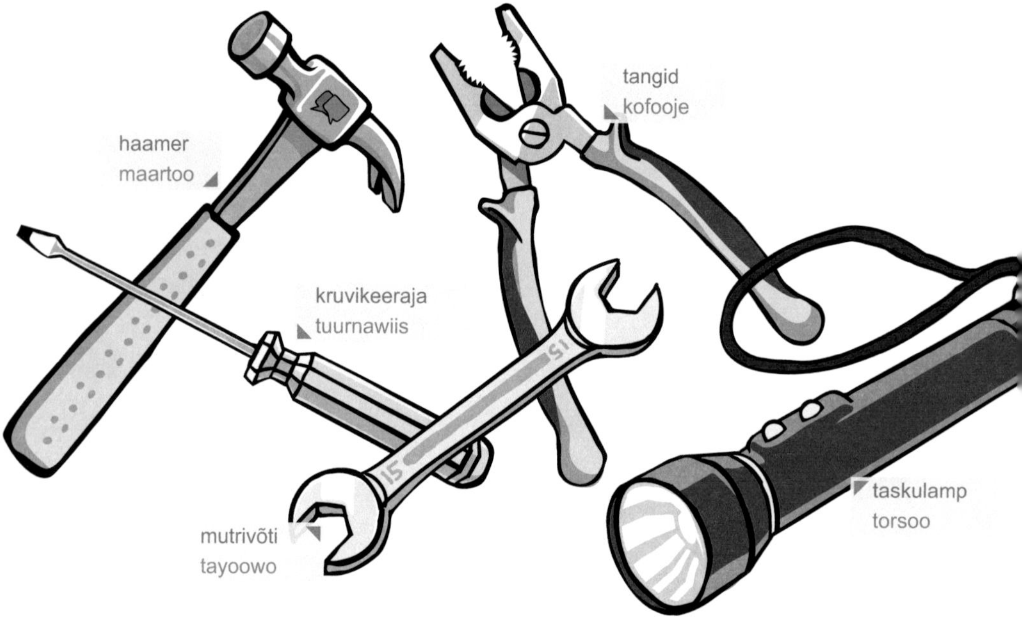
tangid
kofooje
haamer
maartoo
kruvikeeraja
tuurnawiis
taskulamp
torsoo
mutrivõti
tayoowo

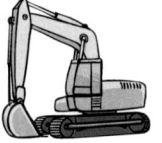

ekskavaator

ngasirdi

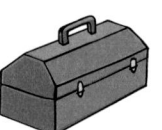

tööriistakast

suudu kuutorɗe

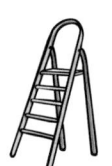

redel

seel

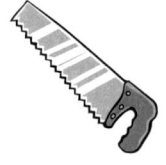

saag

siiy

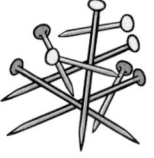

naelad

pontooje

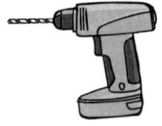

trell

yuwirde

parandama

feewnit

labidas

nokkirde

Põrgusse!

sooot

kühvel

peel

värvipott

pot diidirđo

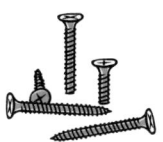

kruvid

wiisuuji

pillid
pijirđe

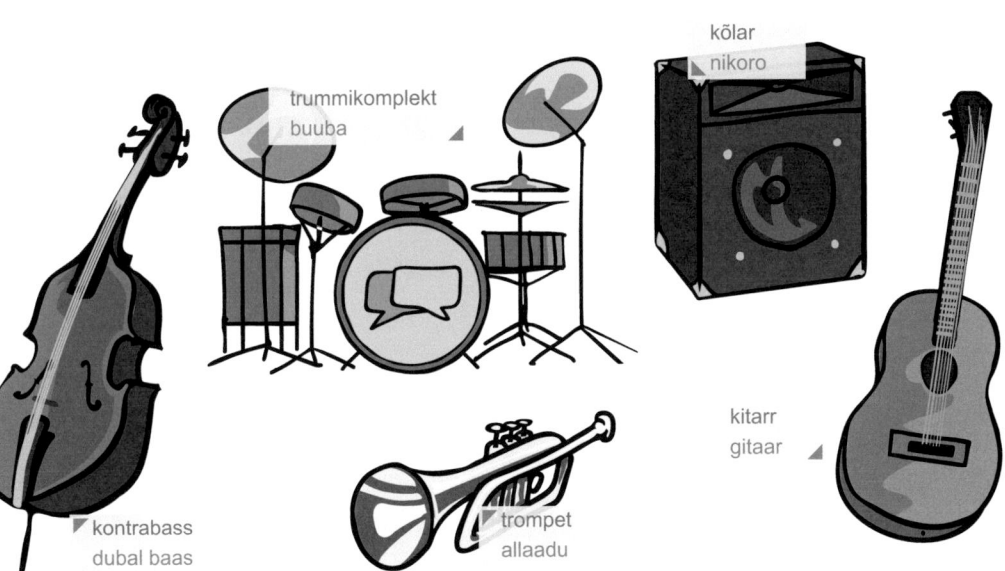

kõlar
nikoro

trummikomplekt
buuba

kitarr
gitaar

kontrabass
dubal baas

trompet
allaadu

klaver

piyaano

viiul

ñaañooru

bass

baas

timpan

timpaan

trummid

bawɗi

süntesaator

bindirgal

saksofon

saksofooŋ

flööt

coolumbel

mikrofon

haaldude

loomaaed

nehirde kulle

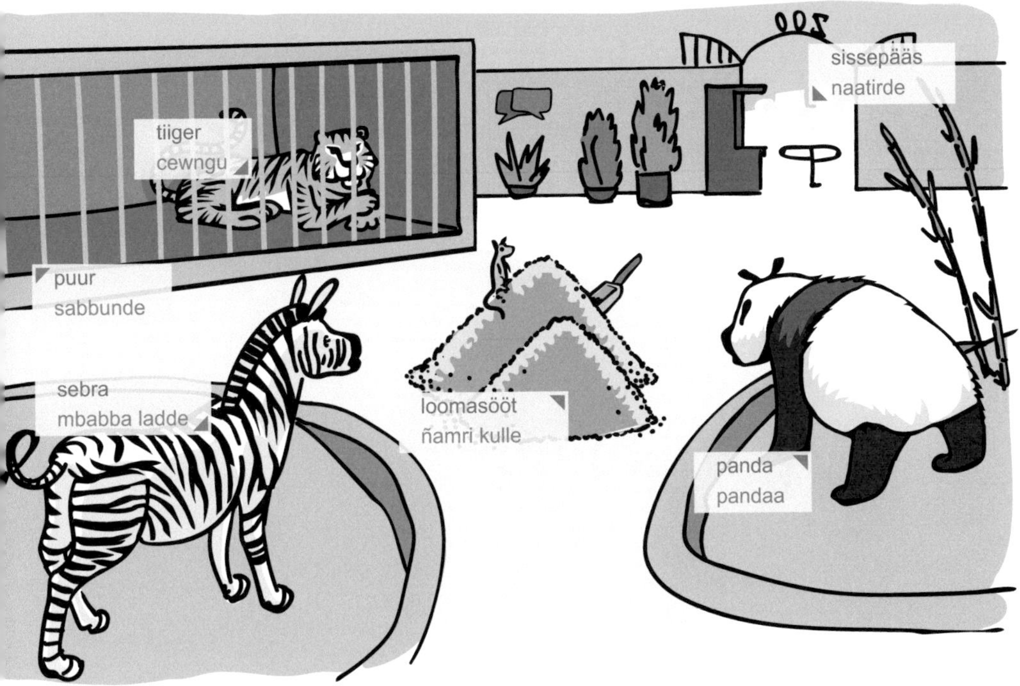

sissepääs
naatirde
tiiger
cewngu
puur
sabbunde
sebra
mbabba ladde
loomasööt
ñamri kulle
panda
pandaa

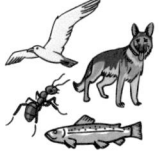

loomad
kulle

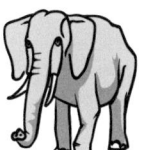

elevant
ñiiwa

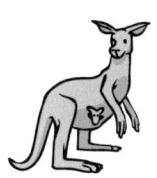

känguru
kanguruu

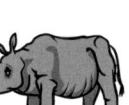

ninasarvik
liwoongu

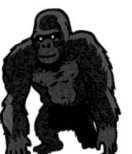

gorilla
waandu

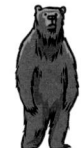

karu
fowru

kaamel

ngelooba

jaanalind

jaawagal

lõvi

mbaroodi

ahv

golo

flamingo

ñaarpural

papagoi

seku

jääkaru

fowru nees

pingviin

peŋwee

hai

reke

paabulind

ngoriyal

madu

mboddi

krokodill

nooro

loomaaiatalitaja

deenoowo kulle

hüljes

liingu

jaaguar

cewngu

poni

molel puccu

leopard

cewlu

jõehobu

ngabu

kaelkirjak

ñamala

kotkas

ciilal

metssiga

fowru

kala

liingu

kilpkonn

heende

morsk

morsee

rebane

daga

gasell

lella

Ameerika jalgpall
fugu koyngel Amarik

jalgrattasõit
welo

tennis
teniis

korvpall
basket

ujumine
lumbaade

poksimine
bokse

jäähoki
okey e galaas

jalgpall

fugu koyngel

sulgpall

badminton

kergejõustik

dogduuji

käsipall

fugu jungo

suusatamine

eskiiy

polo

polo

naerma
jal

hüppama
diw

kallistama
uurno

jalutama
yah

laulma
yim

unistama
hoyḋu

palvetama
juul

suudlema
ɓuuco

kirjutama
windu

joonistama
diid

näitama
hollu

lükkama
duñ

andma
rokku

võtma
naw

omama

jogo

tegema

waḏ

olema

won

seisma

daro

jooksma

dog

tõmbama

ittu

viskama

weddo

kukkuma

yan

lamama

fen

ootama

fad

kandma

naw

istuma

jooḓo

riidesse panema

ɓoorno

magama

ḏaano

ärkama

finn

vaatama

ndaar

nutma

woy

paitama

fiiy

kammima

koomu

rääkima

haal

aru saama

faam

küsima

naamdo

kuulama

hetto

jooma

yar

sööma

ñaam

korrastama

haɓɓu

armastama

yiɗ

süüa tegema

def

sõitma

diirnu

lendama

diw

purjetama

awyu

arvutama

lim

lugema

jangu

õppima

jangu

töötama

liggo

abielluma

res

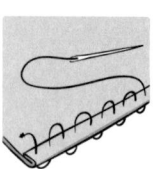

õmblema

aaw

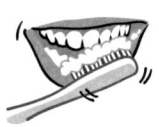

hambaid pesema

boris ñiiÿe

tapma

war

suitsetama

simmo

saatma

neldu

perekond
ɓesngu

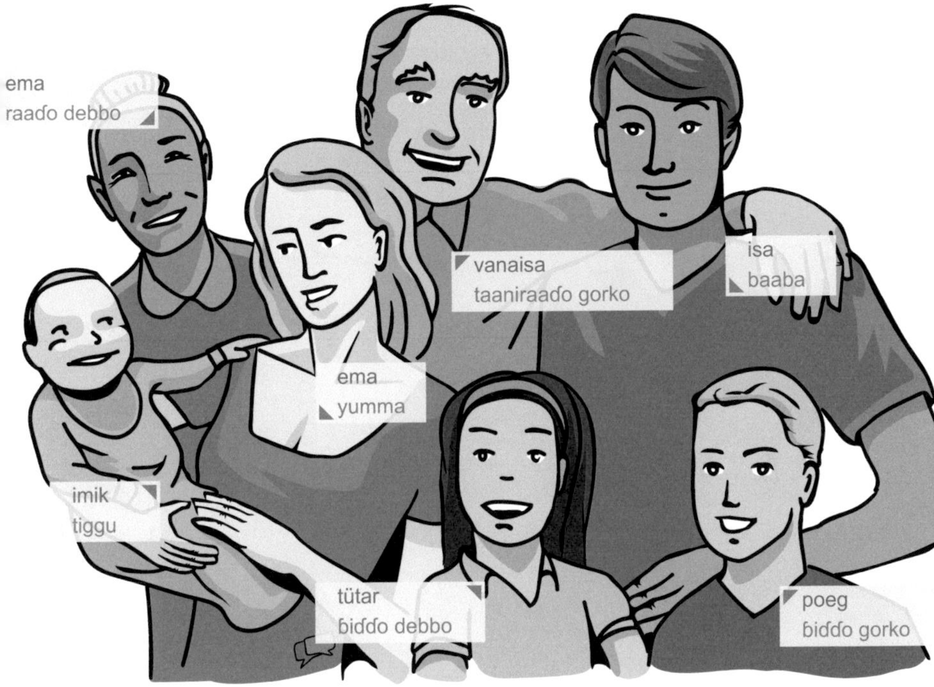
ema
raaɗo debbo
vanaisa
taaniraaɗo gorko
isa
baaba
ema
yumma
imik
tiggu
tütar
ɓiɗɗo debbo
poeg
ɓiɗɗo gorko

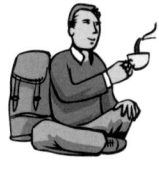

külaline
koɗo

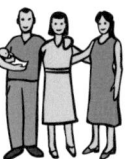

tädi
gogo

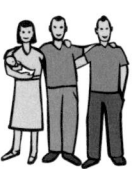

onu
kaawiraaɗo

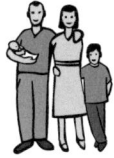

vend
mawniraaɗo gorko

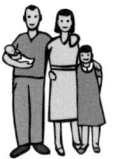

õde
mawniraaɗo debbo

keha

ɓandu

otsmik
tiinde
silm
yitere
õlg
walabo
sõrm
feɗeendu
nägu
yeeso
lõug
waare
käsi
jungo
jalg
korlal
rind
endu
käsivars
jungo

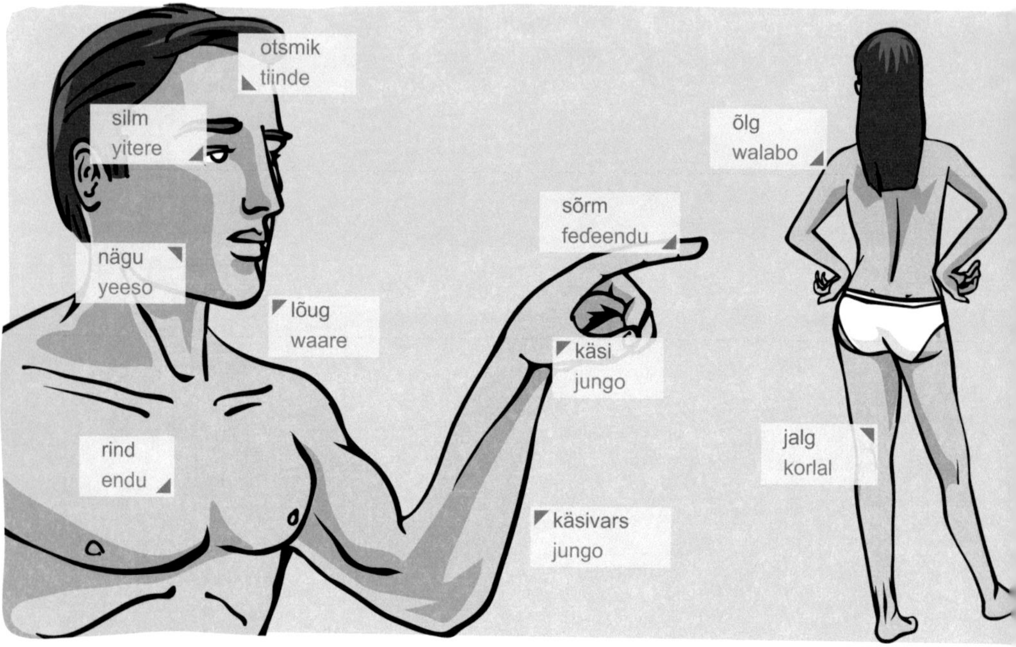

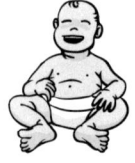

imik

tiggu

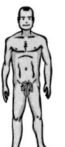

mees

gorko

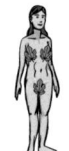

naine

debbo

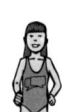

tüdruk

debbo

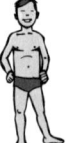

poiss

gorko

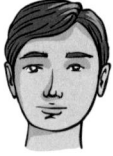

pea

hoore

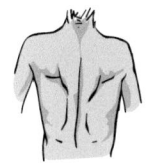

selg

keeci

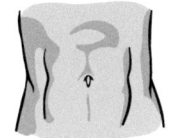

kõht

reedu

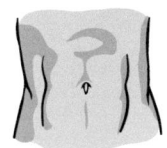

naba

wudduru

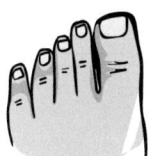

varvas

feɗeendu

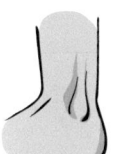

kand

njaaɓordi

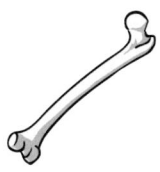

luu

ÿiyal

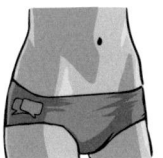

puus

buhal

põlv

hofru

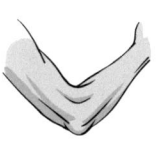

küünarnukk

fooŋturu

nina

hinere

tagumik

gaɗa

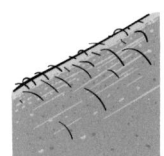

nahk

nguru

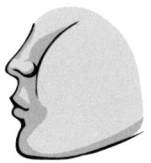

põsk

aɓɓuko

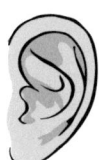

kõrv

nofru

huuled

tondu

keha - ɓandu

69

suu
hunuko

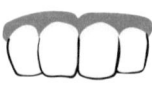

hammas
ñiire

keel
ɗemngal

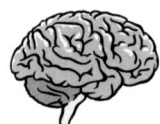

aju
ngaandi

süda
ɓernde

lihas
ÿiye

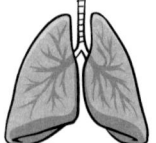

kops
jofe

maks
heeñere

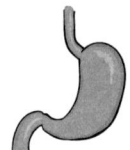

magu
kuuse

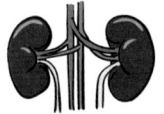

neerud
booÿe

seksuaalvahekord
leldaade

kondoom
kawasal

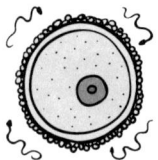

munarakk
ɓoccoonde

sperma
maniiyu

rasedus
cowagol

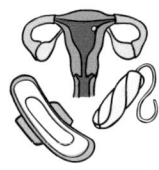

menstruatsioon
ella

vagiina
kottu

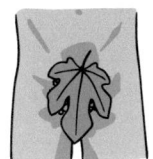

peenis
soolde

kulm
leebol yitere

juuksed
sukundu

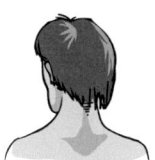

kael
daande

haigla
safrirdu

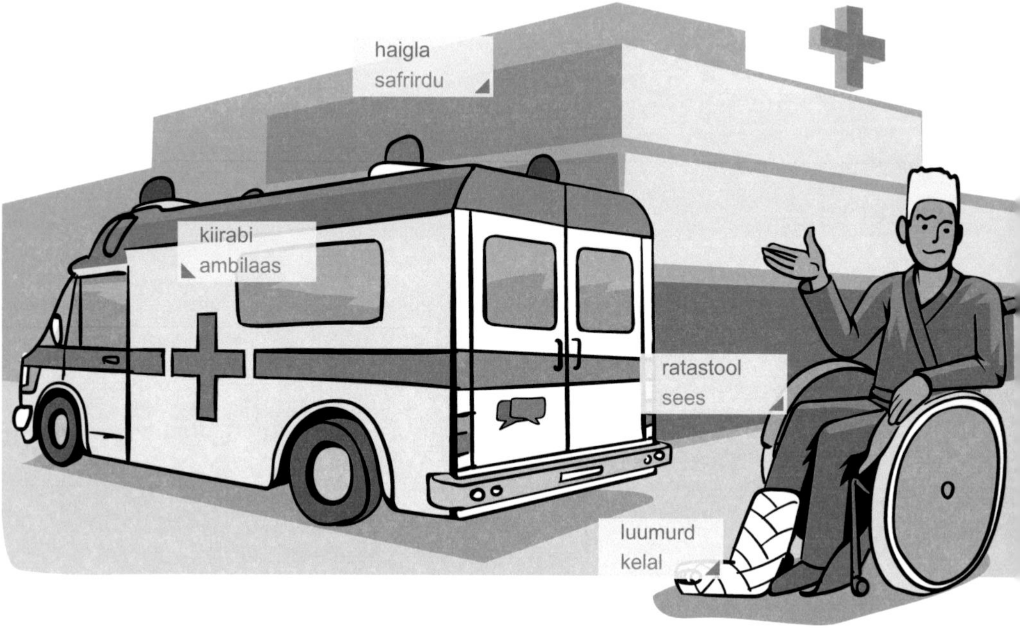

haigla
safrirdu
kiirabi
ambilaas
ratastool
sees
luumurd
kelal

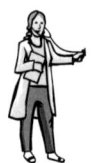

arst

cafroowo

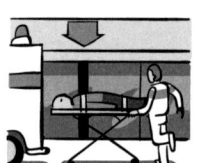

traumapunkt

suudu heñaare

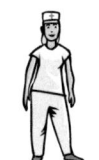

meditsiiniõde

debbo cafroowo

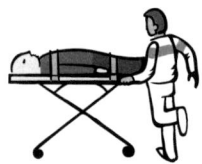

hädaolukord

heñorde

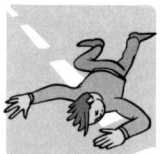

teadvuseta

wondaane hakkile

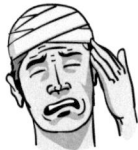

valu

muuseeki

vigastus

gaañande

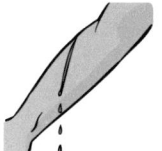

verejooks

tuɗde ÿiiÿam

südamerabandus

muuseeki ɓernde

insult

piigol

allergia

nefo

köha

ɗojjude

palavik

ɓandu wulooru

gripp

pali

kõhulahtisus

ndogu reedu

peavalu

hoore muusoore

vähk

kaaseer

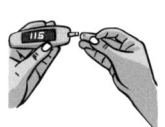

diabeet

jabett

kirurg

oppiroowo

skalpell

jaggirdi

operatsioon

oppeere

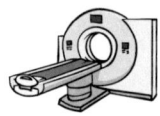

KT
CT

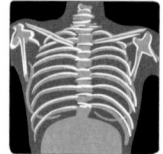

röntgen
buuɗi x

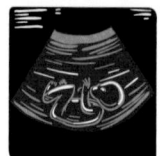

ultraheli
iltarasooŋ

mask
huurirdu yeeso

haigus
rafi

ooteruum
heblorde

kark
beeke

kips
tabak

side
bandaas

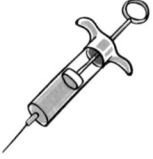

süst
pinggu

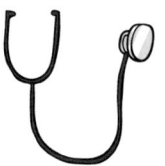

stetoskoop
estetoskop

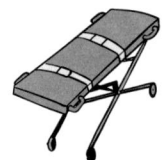

kanderaam
pooɗoowo

kraadiklaas
termomeeter safrirdu

sünd
jibinande

ülekaaluline
ɓuttiɗgol

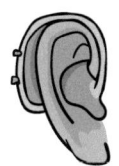

kuuldeaparaat

ballal nanirɗe

desinfektsioonivahend

laɓɓinoowo

põletik

raaɓo

viirus

wiriis

HIV / AIDS

SIDAA

meditsiin

lekki

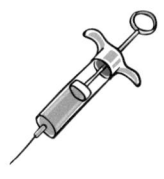

vaktsineerimine

ñakko

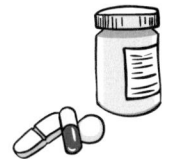

tabletid

poɗɗe

pill

foɗɗere

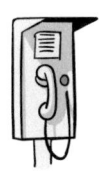

hädaabikõne

noddaango heñiingo

vererõhuaparaat

ÿeewtorde yaadu ÿiiyam

haige / terve

faawŋi / selli

Appi!

Ballal

häire

pindinoowo

kallaletung

njangu

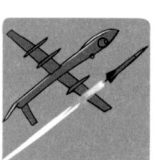

rünnak

raaŋande

oht

boomre

avariiväljapääs

yaltirde yaawnde

Tulekahju!

Jeyngol

tulekustuti

ñifoowo jeyngol

õnnetus

aksida

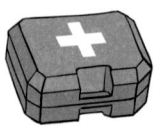

esmaabikomplekt

saawdu safaara gadano

SOS

SOS

politsei

poliis

Euroopa

Orop

Põhja-Ameerika

Amarik Rewo

Lõuna-Ameerika

Amarik Worgo

Aafrika

Afirik

Aasia

Aasi

Austraalia

Ostaraali

Atlandi ookean

Atalantik

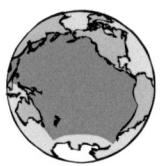

Vaikne ookean

Pasifik

India ookean

Maayo Endo

Lõuna-Jäämeri

Maayo Antarkatik

Põhja-Jäämeri

Maayo Arkatik

põhjapoolus

Baŋe Rewo

lõunapoolus

Baŋe Worgo

Antarktika

Antarkatik

Maa

Leydi

maismaa

leydi

meri

maayo

saar

siire

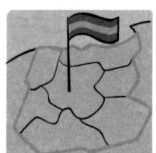

rahvus

wuro

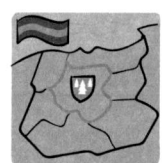

riik

laamu

sihverplaat

yeeso waktu

tunniosuti

jungo waktu

minutiosuti

jungo hojoma

sekundiosuti

jungo majaango

Mis kell on?

hol waktu?

päev

ñalawma

aeg

saha

praegu

jooni

digitaalne kell

mantoor nattoowo

minut

hojoma

tund

waktu

nädal
yontere

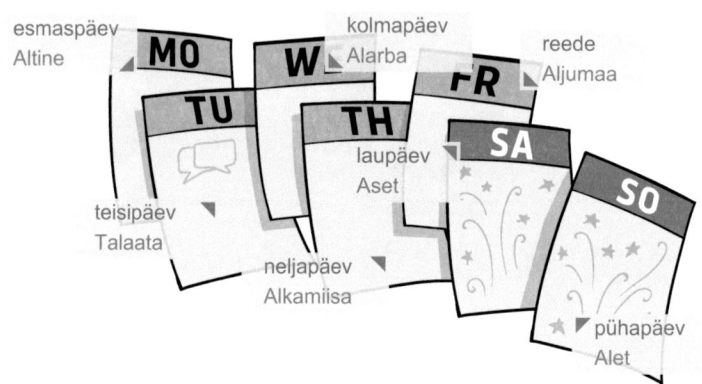

esmaspäev
Altine

kolmapäev
Alarba

reede
Aljumaa

teisipäev
Talaata

laupäev
Aset

neljapäev
Alkamiisa

pühapäev
Alet

eile

hanki

täna

hande

homme

jango

hommik

subaka

lõuna

ñalawma

õhtu

kikiiđe

MO	TU	WE	TH	FR	SA	SU
1	2	3	4	5	6	7
8	9	10	11	12	13	14
15	16	17	18	19	20	21
22	23	24	25	26	27	28
29	30	31	1	2	3	4

tööpäevad

biir

MO	TU	WE	TH	FR	SA	SU
1	2	3	4	5	6	7
8	9	10	11	12	13	14
15	16	17	18	19	20	21
22	23	24	25	26	27	28
29	30	31	1	2	3	4

nädalavahetus

ñalđi

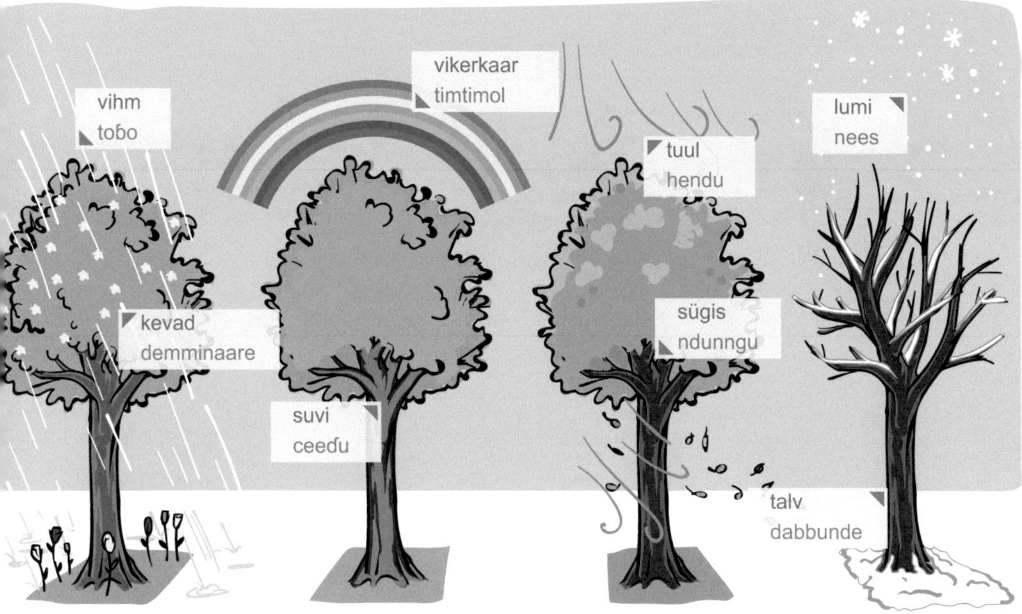

vihm
toɓo
vikerkaar
timtimol
tuul
hendu
lumi
nees
kevad
demminaare
sügis
ndunngu
suvi
ceeɗu
talv
dabbunde

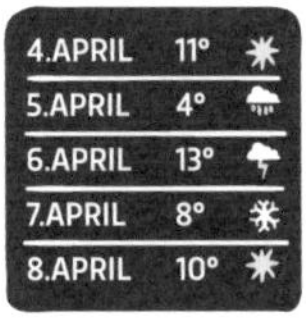

4.APRIL 11°
5.APRIL 4°
6.APRIL 13°
7.APRIL 8°
8.APRIL 10°

ilmaennustus

kabaaru weeyo

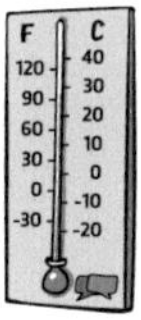

F C
120 40
90 30
60 20
30 10
0 0
-30 -10
-20

termomeeter

termomeeter

päikesepaiste

naaŋini

pilv

ruulde

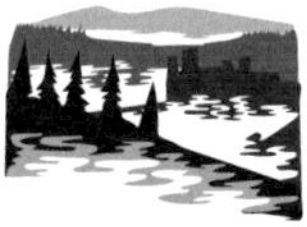

udu

cuurki

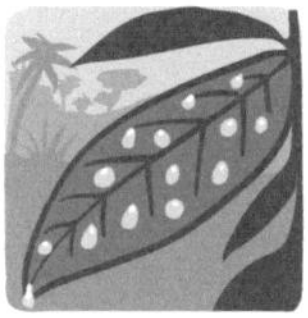

niiskus

uddeende

pikne

majje

kõu

gidaango

torm

hendu

rahe

huđđni

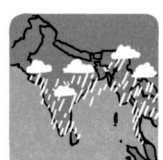

mussoon

ruulđini

üleujutus

waame

jää

nees

jaanuar

Siilo

veebruar

Colte

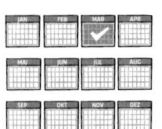

märts

Mbooy

aprill

Seeđto

mai

Duuyal

juuni

Korse

juuli

Morse

august

Juko

september
Siilto

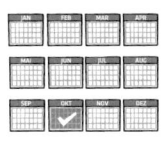

oktoober
Yarkoma

november
Jolal

detsember
Bowte

kujundid

ɓalli

ring
taarto

ruut
yaajeendi

nelinurk
yaajo

kolmnurk
saraandi

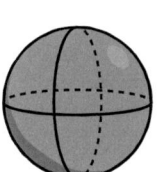

kera
mbiifu

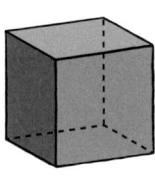

kuup
kiibb

valge

daneejo

kollane

oolo

oranž

oraas

roosa

roos

punane

boɗeejo

lilla

mboongu

sinine

bulaajo

roheline

werte

pruun

cooyo

hall

puro

must

ɓaleejo

palju / vähe

heewi / seeɗa

vihane / rahulik

seki / deeyi

ilus / inetu

yooɗi / soofi

algus / lõpp

fuuɗorde / gasirde

suur / väike

mawɗo / tokooso

hele / tume

leeri / niɓɓiɗi

vend / õde

maniraaɗo / miñiraaɗo

puhas / must

laaɓi / tunwi

täielik / puudulik

timmi / manki

päev / öö

ñalawma / jamma

surnud / elus

maayi / wuuri

lai / kitsas

yaaji / faaɗi

söödav / mittesöödav

nano / nanotaako

kuri / sõbralik

boni / moÿÿi

põnevil / tüdinud

softi / yoomi

paks / peenike

ɓuttiɗi / sewi

esimene / viimane

adi / wattindi

sõber / vaenlane

sehil / gaño

täis / tühi

heewi / ɓolɗi

kõva / pehme

muusi / weeɓi

raske / kerge

teddi / hoyi

nälg / janu

heege / ɗomka

haige / terve

faawŋi / selli

ebaseaduslik / seaduslik

wona laawol / laawol

tark / rumal

feerti / muddiɗi

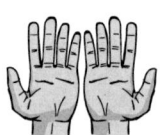

vasak / parem

nano / ñaamo

lähedal / kaugel

ɓatti / woɗɗi

uus / kasutatud
....
keso / kiiɗɗo

mitte midagi / midagi
....
ndiga / huunde

vana / noor
....
nayeejo / suka

sees / väljas
....
huɓɓi / ñifii

lahti / kinni
....
uditi / uddii

vaikne / vali
....
deeŷi / dille

rikas / vaene
....
alɗi / waasi

õige / vale
....
goonga / fenaande

kare / sile
....
tiiɗi / nooyi

kurb / rõõmus
....
metti / weli

lühike / pikk
....
raɓɓiɗi / juuti

aeglane / kiire
....
leeli / yaawi

märg / kuiv
....
leppi / yoori

soe / jahe
....
wuli / ɓuuɓi

sõda / rahu
....
hare / jam

0

null

ndiga

1

üks

gooto

2

kaks

ɗiɗi

3

kolm

tati

4

neli

nay

5

viis

joy

6

kuus

jeegom

7

seitse

jeeɗiɗi

8

kaheksa

jeetati

9

üheksa

jeenay

10

kümme

sappo

11

üksteist

sappoy goo

12

kaksteist

sappoy điđi

13

kolmteist

sappoy tati

14

neliteist

sappoy nay

15

viisteist

sappoy joy

16

kuusteist

sappoy jeegom

17

seitseteist

sappoy jeeđiđi

18

kaheksateist

sappoy jeetati

19

üheksateist

sappoy jeenay

20

kakskümmend

noogaas

100

sada

teemedere

1.000

tuhat

ujunere

1.000.000

miljon

miliyooŋ

inglise

Aŋale

Ameerika inglise

Aŋale Amarik

mandariini

Mandare Siinaaɓe

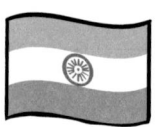

hindi

Hindi

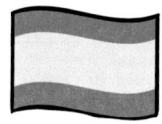

hispaania

Españool

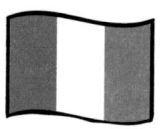

prantsuse

Farayse

araabia

Arab

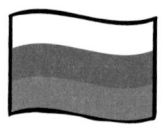

vene

Riis

portugali

Portigees

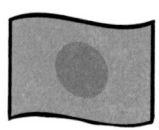

bengali

Bengali

saksa

Almaa

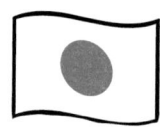

jaapani

Sapponee

mina

miin

sina

an

tema

kanko / kanko / kanum

meie

minen

teie

onon

nemad

kambe

kes?

holoon?

mis?

holɗuum?

kuidas?

holnoon?

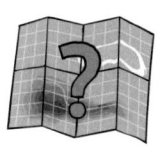

kus?

holtoon?

millal?

mande?

nimi

inde

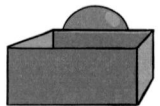

taga

caggal

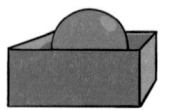

sees

nder

ees

sawndo

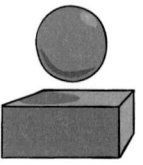

kohal

dow

peal

e

all

les

kõrval

sara

vahel

hakkunde

koht

nokku